LAS VACACIONES DEL ESCRITOR

RAFAEL CAMARASA

LAS VACACIONES DEL ESCRITOR

CONTRABANDO

Las vacaciones del escritor
© Rafael Camarasa, 2026

Ediciones Contrabando
© Arial Artes Gráficas SL
Plaza Raquel Payá, 10. Bajo 2.
46006 Valencia
www.edicionescontrabando.com
editorial@edicionescontrabando.com

Diseño de cubiertas: Juan José Díaz Len
Maquetación: María Gil Amat y Gabriela Cardoza

Primera edición: Febrero 2026

Código IBIC: DCF
ISBN: 979-13-991726-1-4
Depósito Legal: V-558-2026

Printed in Spain - Impreso en España

A los que se subieron al tren y me
acompañan en el viaje. Y, en particular,
a Mª Ángeles y Guillermo

Estoy sentado al borde de la carretera,
el conductor cambia la rueda.
No me gusta el lugar de donde vengo.
No me gusta el lugar adonde voy.
¿Por qué miro el cambio de rueda
con impaciencia?

BERTOLT BRECHT

Moriré sin haber pasado por el mundo.

FRANCISCO UMBRAL

I

ORIGEN

DIOSES EN EL JARDÍN

El viaje viene hasta mí
con un jilguero de raro plumaje
que se posa en la rama del árbol
y no sé de dónde procede.

Sentado en un banco, sin prisas,
siento que todo queda en mis manos.
Su origen, su destino:
el pájaro.

Y preparo el equipaje.

II

LAS CASAS DEL VIAJERO

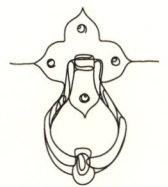

Hasta el viajero más disciplinado puede encontrar un artículo inesperado que quiera llevarse consigo. Eso no importa siempre que esté dispuesto a aceptar la molestia que conlleva cada nueva pieza de equipaje.

de la película *El turista accidental*

LAWRENCE KASDAN

TOUR

En Liubliana, en el parque Zvezda,
un guía local nos habla
de la necrópolis romana que aquí hubo.

Y, como quien agradece los alimentos
que se ponen en la mesa,
doy gracias a tantos cuerpos
que pretendieron tantas cosas,
entre las que, seguro, no estaría
abonar la hierba que piso.

Se esparce la luz en el espacio
y, como el agua de una cascada,
llega pulverizada a nosotros
por entre las hojas de los plátanos,
y una pena alegre —de la que sé
que escribiré más tarde—
me aprieta la garganta y la exprime
como si se tratara de un fruto.

Tengo ganas de llorar y no lo hago
por no preocupar a nadie.

A los otros turistas que transitan
sin reparar en que lo hacen sobre huesos
que, a lo largo de procesos y siglos,
transformaron su hedor en belleza
para alimentar la sombra de estas ramas
y nuestra alegría de viajeros.

TEJADOS

Sé de algunas ciudades antiguas
en las que un autobús, un funicular,
un tranvía,
te lleva hasta una colina
donde ver las casas a tus pies,
con sus tejas rojas ocultando
lo que sucede en el interior.

Sangre impulsada por el esfuerzo
de dos inquilinos que se aman
o mundanas miserias que agrían
vinos que apuntaban alto:
secretos que no captará la cámara
y no saldrán en la foto.

La cúpula de la catedral, a lo lejos,
es otra clase de tejado.

Me gustaría poder levantarlos
como en una casita de muñecas.
Si no estuvieran, con lo que veríamos,
nos volveríamos locos.

SARAJEVO

Llama a la oración el almuédano
desde el minarete de la mezquita,
y su canto se proyecta sin barreras
en el aire de septiembre.

Aunque no entiendo lo que dice,
tengo erizada la piel.

No hay obstáculos; todo es limpio,
y ni el murmullo del cercano mercadillo
impide que se extienda su aceite,
que es una idea de amor.

Cesa la voz y la imagino cayendo
sobre los puestos del mercado,
donde, unas calles más allá, la gente
se ensucia para vivir.

Suena aún, acariciador, en mis oídos,
el canto del almuédano.
Puro, inmaculado, sin fracaso.

Como una teoría.

NOTA SOBRE EL ESTADO DE LOS PEREGRINOS

Una semana caminando juntos por el monte
y ya han caído las murallas.
Hace días que, fraternales y confiados,
renunciamos a la última máscara:
esa que protege de ti a los otros
y no deberíamos entregar a nadie;
que, de tan ceñida a nuestro rostro,
se confunde con la piel.

Y del pozo de los peces siameses,
donde estaba la hermandad y la risa,
pronto ha surgido una fauna
—que sabía en mí, pero no en vosotros—
con las lenguas untadas de un cieno
que no era necesario mostrarnos.

¿Es posible que esta amistad perdure
después de abrirnos en canal?

Así que vistámonos y regresemos
a la ciudad de la que vinimos,
y en la que será difícil mirarnos
sin sentirse violentos y desnudos.

Tan difícil como recordar estos bosques
y no sus irritantes ortigas:
reconozcámoslo, amigos míos,
lo mejor del viaje fue imaginarlo.

MUSEO DE CÁDIZ

En la sala hay esbeltas ánforas,
vajillas y piezas de cerámica,
cuya fina decoración denota
que pertenecieron a nobles romanos,
pero en este rincón solo hay cuencos,
platos y vasos modestos,
hechos de materiales pobres,
sin ornamentos ni detalles.

Un cartel explicativo nos recuerda
que todo lo expuesto en la vitrina
resulta de un valor incalculable
para entender la vida de los plebeyos.

Qué ironía que objetos tan humildes
que, hace más de dos mil años,
pocos ciudadanos del imperio
hubieran rescatado de la basura,
hoy valgan lo que no valían
—también dinero—
cuando, en manos de sus propietarios,
contenían el escaso alimento
que les concedían los dioses.

MAESTRAZGO

No nos preocupaba que las negras nubes
que se aproximaban a Morella
pudieran descargar granizo
y se echaran a perder los campos.
Lo que nos inquietaba a nosotros,
visitantes de fin de semana,
era la posibilidad de que el hielo
estropeara la carrocería del coche.

Al vernos mirar al cielo
—como si supiera lo que pensábamos—,
el hombre del mono azul de trabajo
nos aseguró que no llovería.

"Háganme caso —insistió—,
he visto muchas como esas".
Luego se tocó la visera de la gorra
y se despidió con elegancia:
cruzando las manos detrás,
continuó su paseo.

Me gustó pensar que debajo del mono
llevaba un traje de domingo.
Sobra decir que aquella tarde
no cayó ni una gota.

COFRADÍA

¿Qué hacer, sino callar,
ahora que el sol se precipita
detrás de este mar andaluz y queda
solo el fulgor de una brasa?

El amor se puede decir,
pero no es necesario aquí decirlo,
pues, universal o concreto,
como un velo sagrado,
se muestra en los devotos que vinimos
a ver la procesión de la luz.

SARDINAS

Eran las fiestas del barrio de Alfama
y se asaban sardinas en la calle,
y los vecinos nos ofrecían vino
como una invitación a quedarnos.
De los balcones bajos a los de enfrente,
hilos con banderitas de papel
que parecían desempolvadas
de una verbena de mi infancia.

A nadie le importó lo más mínimo
nuestra condición de extranjeros:
una banda de música tocaba
y sabíamos bailar.

Había tanta alegría en la gente
—tanta en ella y en mí—,
que, como si la música no fuera a acabarse
ni a agotarse el vino amargo,
dudé de la melancolía que transmiten
las calles de Lisboa.

El intenso olor a humo y sardinas,
que nos impregnaba el pelo y la ropa,
se expandía mientras bailábamos,
como el perfume de una flor.
Esa noche, al llegar al hotel,
decidí demorar mi ducha.

No se había ido de mí aquel olor
y ya sentía *saudade* de él.

DÉJÀ VU

Lo estoy escuchando en Berlín,
como lo escuché en Madrid y Zagreb.
El sonido de una maquinilla de afeitar
que alguien golpea contra el lavabo,
quebrando el precario silencio
de las primeras horas del día.

A veces, procedente de arriba. Otras,
del piso de al lado.

Código morse ejecutado
cada vez con una cadencia distinta,
que traspasa suelos y muros
con el mismo mensaje:
"Vuelvo a la superficie. *Stop*.
¿Qué me aguarda ahí fuera?".

PLAYA DE LOS MUERTOS

Tumbados en la playa, uno junto al otro,
escuchábamos la radio.
Habían interrumpido la música
para dar las noticias del mediodía,
y hablaban de las víctimas de un bombardeo
en la capital de un país del norte.

Bajo la sombrilla de colores,
guardamos un silencio distinto
al de hacía unos instantes,
en los que sonaban alegres canciones:
las que ahora regresaban a la radio
como ligeras pisadas que borran
el nombre de un desconocido
que alguien ha escrito en la arena.

Nada quedaba del minuto
donde una voz invocó el invierno.

Cuando abandonamos las toallas
y corrimos a darnos un baño,
compitiendo como niños para ver
quién llegaba al agua primero.

COMO POMPEYA

Exquisito *risotto* negro
que se deshacía en la boca,
con trozos de calamar, un toque de ajo
y otro de mantequilla,
cuyo recuerdo, como la erupción
de un íntimo Vesubio,
ha sepultado en mí un pueblo
que prácticamente he olvidado

—¿había acaso una fuente,
tal vez un castillo?—,

en el que, henchidos aún de verano,
reímos al vernos el uno al otro,
con las comisuras de los labios
ennegrecidas de tinta.

AEROPUERTOS

Hace mucho calor hoy en Viena.
Es como si estuviera en el sur de España.
En mi última visita, me compré un jersey
para las frescas noches de agosto.
Hasta el clima trata de igualar con su aliento
lo que antes era diferente.

Si no fuera por algunos monumentos
y edificios de otras épocas,
las ciudades de Europa serían iguales,
como sucede con los aeropuertos:
bajo una arquitectura uniforme,
un desordenado ir y venir de gente
que viste la misma ropa,
arrastra las mismas maletas
y se nutre con alimentos
de los mismos restaurantes y supermercados.

¿Y los exquisitos bombones?
¿Dónde están aquellos selectos bombones
de chocolate negro y champán
que solo aquí había visto?
Buscarlos será un entretenimiento
porque podría encontrarlos en mi ciudad.

A solas, en una habitación que es un reflejo
de las que me acogieron en tantos lugares,
enciendo el enorme televisor y elijo
una película de pago.
Como si remarcaran su diferencia,
en alemán dialogan los actores:

con el mando a distancia, un par de ajustes,
y pronto lo hacen en mi idioma.

Relumbra la tarde con el fuego
que incendia Viena este verano,
y siento un miedo existencial de que los cuadros
de Klimt, y también los de Egon Schiele,
se derritan en los museos y sus colores
corran en manchurrones por las paredes.

INVICTO

Vuelve a casa después de asistir
a la final que perdió su equipo.

En la ventanilla del tren se suceden
incontables campos de olivos,
que el regusto de la decepción no convierte
en un simple decorado
y lo emocionan con sus árboles
jaspeados de flores.

Dichoso el que va a por una alegría,
sea de la clase que sea,
y, aunque no la consigue, regresa
con la suya intacta y limpia.

Aun en la derrota, ¿no sería
victoria suficiente?

LEJOS DE CASA

La compañía aérea ha cancelado el vuelo
y nada será consumado,
por lo que bien puedes decir
que casi has hecho un viaje:
casi has volado a una ciudad
y casi te has adentrado en sus calles.

Casi has visitado sus plazas e iglesias
y un museo dedicado al cine,
donde hay imágenes y carteles
en los que casi has visto a Mastroianni.

Casi, en la escalera del Duomo,
te has subido el cuello del abrigo
para protegerte del viento glacial
que peina la cresta de los Alpes
y casi hiela los secretos
ya sellados por los labios.

Casi has deshecho el equipaje
que ni siquiera has preparado
y con el que hubieras vuelto, en unos días,
al lugar del que no has partido.

Casi, desde un puente del río Po,
has visto luces temblar en las colmenas.

Y casi la has echado de menos:
casi, desde allí, la has querido.

EXTRANJEROS

Desearía contemplar su melena,
sentado a su lado en el autobús,
cayendo roja y despreocupada
sobre la línea de su nuca,
mientras ella, junto a la ventanilla,
fotografía el prado y el río,
las vacas que pacen y al hombre
que trabaja, más allá, en un campo,

y que ahora se yergue hastiado
—aunque ella no pueda saberlo—
de ese prado y de ese río,
de esas vacas que pacen tranquilas,
y ve un autobús extranjero que pasa,
claramente turístico,

y a la mujer que, por una ventanilla,
fotografía el idílico paisaje,
donde ese hombre cansado —yo mismo—
piensa en cómo sería viajar a su lado,
viendo el sol brillar en su pelo
y en la hierba y en el río,

con la fascinación de un forastero
que mira con los ojos limpios.

VÍSPERAS DE NADA

Dime por qué esa canción de amor
que en el pasado hicimos nuestra
y bailamos, más que abrazados,
unidos como eslabones,
ahora que viene de la playa
donde los jóvenes prenden hogueras,

a pesar de la dulzura de la noche
en la que un faro
afirma y niega,

me parece música ambiental
de grandes almacenes.

GOLONDRINAS

Los saltadores del Puente Viejo de Mostar
se arrojan al río Neretva
con el corazón entre los dientes
y el vértigo creciendo como el mercurio.

Debe ser grandiosa la sensación
de lanzarse desde más de veinte metros
para entrar en la negrura del agua
y que el agua te escupa hacia afuera:
sacar la cabeza y ver la luz
del día de tu nacimiento.

Desde el margen derecho del río
aplaudo a los saltadores,
que lo hacen por nuestras propinas,
pero que lo harían a cambio de nada.

Buscan la emoción que yo, cobarde,
espero que venga por sí sola.

Algo que no me asegura
una vida más larga.

MORAIG

Agrio y dulce es sentir la belleza
y tener conciencia de que se escapa.
Saber que, tras su deleite efímero,
un día volverá del olvido
y, como en el esqueleto de un animal antiguo
que asoma de la tierra,
podrás introducir los dedos
en el vacío de entre sus vértebras.

Bajo un azul que lo aclara todo,
en una cala de piedras mínimas,
ella refresca sus pies en la orilla
y tu hijo bucea en la transparencia:
te conmueves con sus cuerpos mojados
que este sol secará pronto.

Pero qué hombre más triste eres
cada vez que eres feliz.

LAS VACACIONES DEL ESCRITOR

Un niño, que es el propio escritor,
ve el mar por primera vez.

Como es obvio, no puede ni imaginar
que medio siglo más tarde
abrirá de par en par el balcón
de una casa a la que acaba de llegar,
y otro mar, salpicado de islas,
en la costa de Dubrovnik,
lo volverá a emocionar como alguna vez
debió sucederle al marinero.

El que, con la excusa de sirenas y cíclopes,
a través de un periplo
—como lo es la escritura—,
demoró su regreso a casa,
pues allí sería mortal.

El propio escritor, que es el niño,
ha vuelto a ver por primera vez el mar
porque, enfrentado en la terraza a este azul,
yo he salvado de la muerte el momento.

Y, al adentrarme en el agua de las palabras,
siento su temblor que es el mío,
y vuelvo a ser un rey del mundo
que no quiere regresar a Ítaca.

III

TURISMO DE INTERIOR

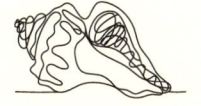

…y el escarlata en el asfalto podía ser
no sólo una sombra, una guillotina
podía adornar no sólo un museo,

y tocando al unísono podían expresar
más aquellas campanas de la iglesia.
Quizá por eso una y otra vez, el viajero

con recelo comprobaba en su pecho
si conservaba el billete de vuelta
para los sitios de costumbre donde vivimos

ADAM ZAGAJEWSKI

USTED ESTÁ AQUÍ

Soy una ciudad dentro de esta ciudad
que replica en mis venas sus calles,
con el monumento al primer amor
o una plaza a los seres que he perdido,
ubicados en un punto
del que nadie más sabe.

Una ciudad que se extinguirá conmigo,
abandonando su caparazón de reptil,
que es el que aparece en las postales
y conocemos por un nombre.

Armazón que permanece firme
y en el que resuenan mis pasos
mientras su reflejo me habita

y por otra ciudad camino.

LOS MARES DEL SUR

Eliges un poema de Pavese
e inicias el camino de la lectura,
gracias a que un día él
emprendió el de su escritura.

Habla de un hombre que ha viajado
veinte años alrededor del mundo,
trabajando para hacer fortuna,
incluso a bordo de un ballenero.
Y de su primo, bastante más joven,
que lo admira e imagina sus viajes
como los de un héroe romántico
que ha visto las más bellas islas.

En un salón de pasos perdidos,
sois cuatro pasajeros distintos
que han superado el obstáculo del tiempo
y también el de la ficción misma.

Un juego de muñecas rusas
que, en el momento en que cierres el libro,
encajarán una dentro de otra
—aun sin saber de su anterior—,
unidas por el hilo invisible
que teje el manto de la vida.

LUNA DE MIEL

Mi madre me dice preocupada
que se le cae la alianza de boda:
es muy mayor, ha perdido peso
y tiene los dedos flacos.
La lleva desde que se casó con mi padre
y no quiere quitársela,
quizá porque la mantiene unida a él,
más de tres décadas muerto.

Mis padres, cuando se casaron,
no hicieron viaje de bodas.
No había dinero y pasaron la tarde
viendo una película en el Rex.
Si le pregunto a mi madre por el título,
no alcanza a recordarlo;
no sabe si era en blanco y negro
o quién el actor principal.

Yo me decanto por *Vacaciones en Roma*
porque tiene un final feliz.

Hay una foto —él con traje
y ella con su vestido de novia—
en la que están a punto de entrar en un coche,
alquilado para la ocasión.
Con sus anillos ya en el dedo, sonríen
como si supieran a dónde van.

Sus dientes son la propia blancura,
y me gustaría tocarlos.

VIAJE A LA LUNA

En el caos del bar, a la hora de la comida,
entre conversaciones altisonantes
y sonidos de cubiertos y loza,
pienso en la primera huella
que dejó Armstrong en la luna,

y en que, teniendo en cuenta
que allí arriba no hay atmósfera,
debe seguir tal cual.

Quieta. En paz. Consigo misma.

CURSO DEL AGUA

El padre riega el jardín con la manguera
y el niño lo desafía,
pasando una y otra vez por el arco
que traza el agua en el aire.
Con un dedo obstruye la boquilla,
y el líquido sale con más fuerza.

El niño celebra que lo moje
y le pide que apunte a la madre,
que amorosamente se queja,
sentada en la escalera del zaguán.

"Qué buen momento —piensa el hombre—
para recordar en el futuro".

No sabe que la bondad de ese recuerdo
dependerá de cuándo lo evoque.

De si se regó bien el jardín hasta entonces
o si, por el contrario, fue abandonado
al capricho de mosquitos y plagas,
y a los estragos del frío.

EL PAÍS DE LAS MARAVILLAS

Llevaba poco tiempo allí
y ya tenía ganas de quebrar árboles,
de hacer una peligrosa hoguera
a las puertas del bosque
y ensuciar con despojos el palacio
de la Reina de Corazones.

Algo que hiciera contraste
—nada grave e irremediable—
con las agobiantes maravillas
que se habían hecho costumbre.

Hay lugares tan fabulosos
que sufren la maldición de su excelencia,
y cuando algo se convierte en rutina,
deja de ser visible.

Son necesarias las grietas.

A lo largo de mi vida, he conocido
también a personas así.

EL PESCADOR DE TRUCHAS

Me da vergüenza decir que una vez
odié una bandada de águilas
que volaba imperial, trazando círculos,
sobre la garganta de un río.
También a los niños ruidosos
que desde una musgosa piedra
se arrojaban al frío del agua
y emergían jubilosos y lívidos.

Cómo me irritaban esos anónimos hombres,
cargados con bártulos de pesca,
que, discretos entre matorrales,
buscaban la parte alta del río
para pescar las truchas que acompañaban
el nombre de una población próxima.

Qué preciosidad, cuánta naturaleza,
y qué desbarajuste dentro.

Yo tenía por entonces el alma de una res
a la que han cegado los ojos con fuego,
dado vueltas sobre sí misma
y abandonado en el bosque.

Pido perdón a los niños perdidos
que no supieron de mi ofensa,
a las majestuosas aves que ya son
el cielo en el que planeaban,
y al que soy, por el tiempo malbaratado
en aguas más frías que las del río.

En su desesperación, un espíritu enfermo
se hace con las riendas de los sentidos,

y yo solo veía águilas y círculos,
y luego tan solo círculos.

APÓSTOLES

Cuando paso por el Museo del Prado
pienso en el San Bartolomé de Ribera,
esperándome en el lienzo
con el puñal de su martirio en la mano.
Ese con el que será desollado
y convertido en mártir.

Siempre que voy al museo lo evito,
esquivo su demacrada presencia,
huyendo hacia otras pinturas
de tenebrosidad menos corpórea.

Mas él tiene paciencia y no desespera,
y seguro que no le importa,
pues sabe que en mi última visita
acabaré delante del cuadro.

En el espejo de su carne mortecina
y su mirada estremecedora.

Los dos a las puertas de algo
que solo él creerá que es un viaje.

TRANSOCEÁNICO

Si abajo estamos nosotros;
si arriba, en la habitación,
estarán nuestros cuerpos desnudos;
si no funciona el ascensor
en este hotel de mala muerte,

¿no intuyes que vamos a subir
la escalera más larga
del mundo?

HELIO

No hacer planes, ese era el plan.
Si escapaba de la mano floja del niño,
el viento se encargaría de mí.
Desde ahí abajo me podéis ver:
un globo azul con un cordel blanco.

Pero me dejé llevar, me abandoné,
y al final fui arrastrado.
No siempre las azarosas corrientes
conducen a playas de arena fina.

¿Y por qué no soy feliz ahora
que vago —en el aire—
por el aire?

Creo que confundí el no tener un plan,
con la falta de propósito.

EXCURSIÓN EN INVIERNO

Me arrojo en el atardecer a la hierba
como al océano, un suicida,
que se ha atado una piedra a la cintura
para hundirse hasta el fondo.
Nadie me arrebatará de aquí,
de este cielo naranja y violáceo,
y de un silencio que, con su nada,
acalla insectos y aves.

En un rato la luz se habrá ido,
y la hierba, ahora mullida,
se clavará en mi espalda manchada
por su verdor fugitivo.
Pienso en el lastre del suicida,
intacto allá en lo hondo,
y en él, con los brazos abiertos,
abarcando el espacio.

En mis bolsillos, fósiles de piedra
conservan el calor de la tarde
como si todavía yacieran bajo el sol,
donde los he recogido.

Me levanto y, ya en penumbra,
envidio su mineral calma:
aún viven en el día
que para mí ha terminado.

ARTE Y OFICIO

Comprendes, desde esta orilla,
que eras dueño de un diamante
y que ahora sabrías orientarlo
con intención bajo la luz:
beber sus destellos y recrearte
en su tránsito por tu garganta.

Lo sabes porque estás aquí,
en este lado del Ponte Vecchio.

Si volvieras a ser un niño,
con la joya otra vez en tus manos,
jugarías como si lo hicieses
con el vidrio de una botella.

¿Son felices los ignorantes?

No era aquello la felicidad para él.
En todo caso, lo es para ti.

EN MOVIMIENTO

Una moneda de un céntimo de euro
en la palma de mi mano
parece, por contraste, un agujero
o un pequeño y raro lunar.
La inscripción que lleva grabada
me dice que viene de Lituania,
por lo que muchos han ser los lugares
en los que estuvo antes que aquí.

¿En cuántos dedos dejó su tacto?
¿Cuáles le transmitieron frío?
¿Dentro de qué bolsillos ha bailado
y en qué cajas registradoras durmió?
¿Cuántas atmósferas la han oxidado
para tener este oscuro aspecto?

Cierro la mano y vuelvo a abrirla,
y la moneda no emprende el vuelo,
aun teniendo el espíritu de un pájaro
que hace del movimiento su casa.

En la panadería, con otras monedas,
la entrego para que siga volando,
y ella, como un gentil viajero,
me regala el pan de este día.

DÍA DE LOS FIELES DIFUNTOS

Ha visitado en Montparnasse
la tumba de su admirado Cortázar.
La ha distinguido porque está llena de objetos,
tiques de metro y dibujos de rayuelas.
Y ha dejado allí un poema.

Acto que, más que certidumbre,
encierra el ancestral anhelo
de que un cementerio no sea una terminal,
sino una sala de espera.

Versos que esconden lo que el miedo
le lleva a desear:
que exista la resurrección de la carne
y que las almas, hasta ese momento,
vengan a por las ofrendas y a fumar
los cigarrillos que les dejamos.

Y, por no sentirse débil
o preso de supersticiones que odiaba,
se dice que depositar el poema
sobre la tumba del escritor muerto
solo ha sido un homenaje.

Ni desesperación ni esperanza.

ISLAS

El viento se cuela por la ventana
y agita, arbitrario, el visillo. Los dos,
desnudos y aún fatigados,
lo ven ondular desde la cama.

Uno imagina que proviene de Sicilia,
donde ha acariciado vides y olivos,
y que su vegetal aroma conjura
el olor a almizcle de los cuerpos.

El otro, que el intruso que ha entrado en la casa
con la aurora de rosados dedos
ha acariciado tatuajes y heridas
de modernos esclavos,
a los que solo el amor y el sexo permiten
arañar el mármol de los palacios.
Y siente las uñas quebradas
cuando junta los dedos de una mano.

Luego se giran y quedan frente a frente,
y se besan, al principio muy despacio,
para después irrumpir en el otro
con el vigor de los amores nuevos.

El perfume ficticio de la isla compensa
el hedor acre de los esclavos,
y ese viento que agita el visillo
y nadie sabe de dónde viene
mueve el fiel de la balanza lo justo
y los sitúa en el centro.

TRAVESÍA

¿Dónde queda en mí la generosidad
del intrépido espermatozoide
que atravesó la oscuridad y se estrelló
contra el planeta de la sangre
para estallar con él y, por mí,
dejar de ser ellos?

¿En un mínimo lunar de mi párpado,
en el cruce de dos líneas
de mi piel?

¿En el súbito brillo de mis ojos
que da luz a alguien a mi lado,
y como viene se va porque en ello,
egoísta, no persisto?

VALIJA

No hay nada en esa maleta,
extraviada en un aeropuerto lejano,
que sea irremplazable
y no podamos volver a comprar.

Sé que tuvimos que trabajar muchas horas
para adquirir lo que contenía,
pero toda una vida de trabajo,
si uno de los dos perdiera al otro,
no serviría para traerlo de vuelta
o encontrar a un ser igual.

Demos, entonces, por bueno
que tal vez en algún lugar del mundo
otros se vistan con nuestra ropa,
y deseemos que la luzcan.

Aun así, no serán nosotros.

MILAGRO

En cuanto la mordí, lo supe:
aquello que desconoce el árbol,
quien fuera que plantó la simiente,
y la propia naranja que rezuma
pletórica en mi mano.

Cómo, si tantas veces comí,
no reparé en ello antes.

Dondequiera que sea, paciente,
este fruto nació para mí,
y solo yo soy el objeto
de su azaroso viaje.

IV

DESTINO

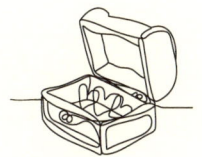

SANTUARIO

Cientos de kilómetros andando
para llegar hasta aquí.
Poco importa la catedral,
el nombre del monasterio
o del lugar santo.

¿Y ahora qué?

Te quitas la mochila de los hombros
y echas de menos su peso.

Algún caminante ve tus lágrimas y cree
que es por la emoción
de haber llegado.

ÍNDICE

III. TURISMO DE INTERIOR

IV. DESTINO

Este libro
terminó de imprimirse
el mes de febrero
del año 2026
en los talleres de Estugraf (Madrid)